读客文化

明天又要上班了

[英] 卡丽娜·马格加　著
Carina Maggar

郭在宁　译

文匯出版社

图书在版编目（CIP）数据

明天又要上班了 / (英) 卡丽娜・马格加 (Carina Maggar) 著 ; 郭在宁译. -- 上海 : 文汇出版社, 2023.7

ISBN 978-7-5496-4079-9

Ⅰ. ①明… Ⅱ. ①卡… ②郭… Ⅲ. ①职业选择－通俗读物 Ⅳ. ①C913.2-49

中国国家版本馆CIP数据核字(2023)第120533号

明天又要上班了

作　　者 / ［英］卡丽娜・马格加
译　　者 / 郭在宁

责任编辑 / 邱奕霖
特约编辑 / 李思语　　贾育楠
封面设计 / 于　欣
内文插画 / Simon Landrein

出版发行 / 文匯出版社
上海市威海路 755 号
（邮政编码 200041）
经　　销 / 全国新华书店
印刷装订 / 河北中科印刷科技发展有限公司
版　　次 / 2023 年 7 月第 1 版
印　　次 / 2023 年 7 月第 1 次印刷
开　　本 / 787mm × 1092mm　1/32
字　　数 / 42 千字
印　　张 / 5

ISBN 978-7-5496-4079-9
定　　价 / 49.90 元

How to Make Work Not Suck

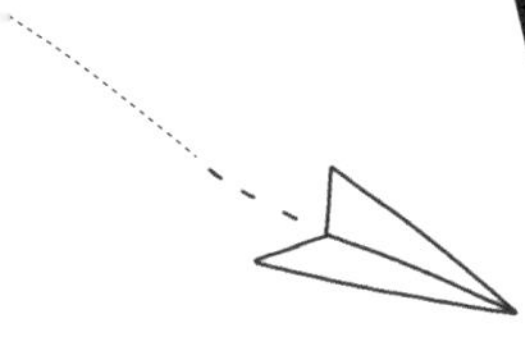

我这辈子做了什么？

这不是一本自助指南。如果是的话，我就不会在周二下午3点穿着睡衣写这本书了。我甚至不确定能否说这是一本职业指南。

提到指南，我想到的是旅行地图会把你带到一个特定的目的地。可我绝对没有资格告诉你下一步该怎么走。我要是知道的话，现在我应该是一家跨国公司的老板了，而且还是那句话，我就不会在下午3点，穿着睡衣写这本书了。

过去十年，我做过很多工作：卖泡澡球、房地产销售、帮人遛狗、写博客、在电影工作室打工、配音、在网络上和电视上主持节目。我没有遵循某种职业规划，因为我选择职业的依据是：（1）走投无路；（2）顺其自然；（3）鬼迷心窍。从事各种工作的经历让我认识了很多人，他们对本书的内容亦有贡献。我积累了身处不同行业、环境和职位的知识。与来自各行各业、处于职业生涯各个阶段的人相处，让我有机会了解、学习和观察他们为人处世的方式。

职场中存在无数的潜规则。我在这本书里把它们都

贴心地分享出来，这样我踩过的坑你就不用再踩了。我能写出这么多犯错、失败、吹牛、胡扯、说错的话和做错的事，是因为我都经历过。我希望你知道，我也承受了这些痛苦。我几乎对书中提及的每一件事都感到羞愧。不过现在我可以大方地承认，我常常陷入尴尬或丢脸的境地，也曾作出经不起推敲的决定。但另一方面，我也曾给自己带来惊喜和感动。

你手里拿着的这本书是焦虑的产物（虽然很精美），这种焦虑曾让我在20多岁的不确定与困惑中喘不过气。这本书要送给你的，是我在职业生涯刚刚起步的时候就希望拥有的东西。毫无疑问，无论你处于人生的哪个阶段，这些东西都会对你有所帮助。无论你是18岁还是40岁，我保证这本书都会让你受用。如果你是18岁，你会学到一些还不了解的东西；如果你是40岁，你大概会想起那些已经遗忘的事情。

而且，说实话，没有人再需要一本中年男人写的职场书了。

没人知道自己在做什么，你也不需要知道

大家都在假装知道自己在做什么：你的老板、新手爸妈、首相。每个人都在前进的过程中摸索。你不需要知道做好一份工作的全部答案。如果你怀疑自己名不副实或感到力不从心，请记住，不是只有你会在中午躲进卫生间偷偷抹眼泪，其实工作不过是看谁的演技最好而已。

你一定会有遗憾

几年前，我做主持人的时候，受邀在一个著名电视频道的执行董事会面前试镜。这是个能改变人生的机会。他们要求我就当时一个名人的故事发表一段评论。不知是太过紧张还是头脑混乱，我决定不做任何准备（第一个错误）。

我在一张大得出奇的会议桌前坐下，桌旁坐满了西装革履的严肃面孔，他们不耐烦地看着时间。轮到我的时候，我从椅子上站起来，踱步到摄像机前，站在标记点上，盯着摄像机镜头，然后完全僵住了。我一点想法都没有，更别说讲出一句话了。我飞速（第二个错误）溜出房间，为浪费了他们的时间而不停地道歉。

大家都说不要有遗憾，但我有数不清的遗憾。如果你能从中学到东西（我就是如此），遗憾也可以变成有用的经验。

说创造性的瞎话

这个世界上有三种人

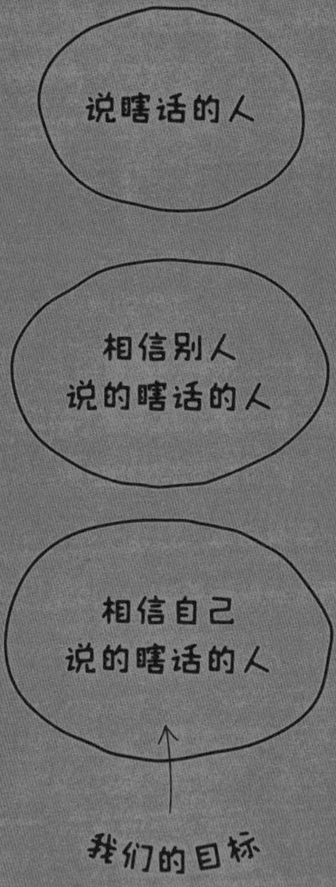

每个人都有创造力，你也是

昨晚你有没有从冰箱里拿出一堆食材做晚饭？今天早上你是不是为自己搭配了服装？你会不会每周都有几件棘手的事情要办？这些都是创造力，都是在解决问题。

创造力不需要被神化，它并非遥不可及。我们会觉得只有那些被选中的幸运儿才拥有创造力，但其实创造力并不神奇，也不是魔法。没有什么秘密公式和“达·芬奇密码”需要破解。

要是你觉得自己创造力匮乏，可以试着换换环境。缺乏灵感是外在因素，而非内因。

想赚钱没有错

我们都知道金钱能带来自由和安全感，让你能出国度假，享用精致的晚餐，住上漂亮的房子。然而，如果你的目标只是赚钱，那么你就会一直无法满足，即使银行存款余额有好多个零也停不下来。

幸福应该是第一位的，在商场里买不到幸福。如果你内心感受不到快乐，那无论是开兰博基尼还是菲亚特500，你都无法快乐起来。一张大额钞票无法让伤口愈合。

这个世界到处是浑蛋

每个办公室里大约有8%*的人是浑蛋，是自以为是的讨厌鬼。他们的一切都让你厌恶，从说话到走路方式。不知能不能安慰到你：这能帮助你面对生活，因为生活中也充满了浑蛋。我们尽量不要成为其中的一员。

每场会议平均有7.5人参会。下次进会议室，看看周围有没有那个必然存在的浑蛋。

* 这个数据是编造的，但根据过往的经验，我相信它非常准确。

调情

发掘自己想做什么是个试错的过程。不要干等着自己有一天会深深爱上一项事业。如果我们真的要等到一个有耐心、漂亮、风趣、忠诚、厨艺高超、舞技精湛、牙齿洁白的人再结婚，我们都会单身到死。

巨大的谎言

我要说一个有点伤人的事实：我们中的很多人受到的家庭教育，让我们相信自己可以成为任何想成为的人；只要我们下定决心，任何想做的事情都能实现。不幸的是，现实世界无比艰难，也无法预测。有时候光靠努力是不够的。机会不会来敲你的门，你必须走出去寻找机会。

如果你受到的教育是相信自己注定会成功，世界都在你的掌控之中。那当事情没有按照你预期的方向发展时，你就会觉得自己失败了。请善待自己吧。

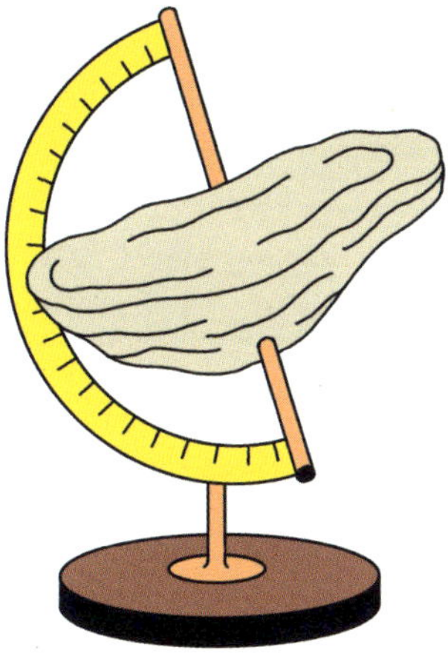

办公室守则（The Office A—Z）

A：年假（annual leave）
不干活也能挣钱的机会，
一定要抓住。

B：奖金（bonus）
如果幸运，
工作一年后可能会得到。

C：电话会议
（conference calls）
基本上是在浪费时间。

D：歧视（discrimination）
你也许会经历的事情。
如果遇到了，请跳转到守则H。

E：同工同酬（equal pay）
你的性别和种族不应该
影响你的薪酬。

F：被解雇（getting fired）
如果发生了，说句“谢谢”，
然后平静地离开。

G：八卦（gossip）
不要对别人讲。

H：人力资源（HR）
有任何与工作相关的私人问题就
去找他们。讽刺的是，做人力资
源的人有时候并不讨人喜欢。

I：实习生（interns）
对他们好一点。

J：职场黑话（work jargon）
喜欢的你就去用，
不过很快你就会变得满嘴黑话。

K：了解你的权利
（knowing your rights）
要清楚你作为员工的权利，
一定要读合同。

L：不想活了
（losing the will to live）
大概每周发生一次。

M：管理层（management）

给他们留下好印象。
如果他们喜欢你，
你的生活会容易得多。

N：离职通知期（notice period）

通常是尴尬的一个月，
有时可能会更久。

O：机会（opportunities）

每个人都应该得到同样的机会，
无论种族、性别和宗教。

P：试用期（probation）

一般来说，是你要保持最
佳表现的痛苦的三个月。

Q：季度评估
（quarterly reviews）

也是你提出反馈的机会。

R：裁员（redundancy）

如果真的发生了，多做些调研——
你是有应得的权益的。

$ $ S：薪资（salary）

不要接受比你
应得的少的薪资。

T：报税（tax returns）

费时费力的事，提前做好准备。

U：讨厌鬼
（unpleasant schmucks）

你办公室里这样的人
应该比开心果多。

V：漫长的一天
（very long day）

工作日平均应该是朝九晚五，
但有时可能不是。

W：茶歇（work drinks）

不时喝上一杯。

X：记得在关机前保存文档。

Y：你值得拥有更好的
（you're better than this）

如果你讨厌这份工作，离开就好。

Z：打瞌睡（zzz）

该歇就歇一会儿。

你擅长做什么？

老话说要做我们自己喜欢的事情。的确不应该放弃自己有激情的事情，但如果你觉得自己在这件事上无法获得成就感，明智的做法可能是去追求自己擅长的事情，而非你沉迷的事情。

如果你擅长的事情恰好是你热爱的事情，那你可是中大奖了。

糟糕的老板会制造一种自上而下效仿的文化。这有点像“打不过就加入”的态度。一个糟糕的老板给人带来的影响需要很长时间才能恢复。有积极的一面吗？有，那就是它可以教会我们，要是有一天我们自己成为老板，应该不去做什么。

凯瑟琳·萨克斯顿（Kathleen Saxton）是英国数一数二的广告和媒体猎头。她最近被《商业内幕》（*Business Insider*）评为“当今全球最佳的媒体招聘人”之一。

~~当你长大了，~~你想成为什么？

整个童年，一切都指向这个至关重要的问题。因此在成年后，当我们努力想知道自己要以什么谋生时，我们会焦虑万分。当明白自己永远也成不了宇航员或国家领导人后，我们会觉得很挫败。但得到那件宇航服永远都不晚。事实上，不知道自己想成为什么也许是件好事。这样也就没有了限制。

你对自己完全坦诚吗？

诚实地面对自己，认清自己想要什么和你为什么没有为此付出努力。除非你全身心地投入，否则你不可能有所成就。你要投入自己的心、灵魂和所有的一切。只有这样，你才会在遇到困难的时候（大概率会遇到）有坚持到底的决心。

说出“我想创业”或“我想写一本书”是没有用的——嘴上说说是很容易的。不行动，就得不到结果。

好事总是发生在那些耐心等待的人身上，但它们更有可能发生在那些真正付出巨大努力的人身上。

最好的投资是投资自己

不管是软件、小工具、一本书还是在线课程，把钱花在拓展知识和技能上永远不浪费。

不要为你还没做的事而自责

如果你把时间花在思考还没创业、还没去哪个国家旅游、还没写好简历上，那就是在浪费时间。不要再犹豫，开始行动吧。

5:00
早上5点起床是不现实的

对我们大多数人来说，不太可能在早上5点做普拉提，然后给自己积极的肯定，护肤，再做一份木瓜奶昔。重要的不是你什么时候醒，而是你以什么样的心情醒来。

不要免费工作

实习是建立人脉和获得宝贵经验的好方法。但是你要对无偿工作保持警惕。当你接受时，你会发现大家都会找你帮忙，因为“这会让你的简历看起来更好看”或“这是你可以放在作品集里的东西”。选择权在你手中，没有经验并不意味着你的时间没有价值。

“职业”一词

“职业”这个词，就像特朗普、芭蕾舞鞋和鲻鱼头一样，已经过时了。这个词意味着，所有跟你当前所走之路无关的机会，你都要舍弃。它会禁锢你，让你觉得似乎一旦做出选择，你就再也无法离开这条路。

然而这就像随着时间推移，我们会发生变化，我们的追求（还有发型）同样也会随之而变。如今我们看待“拥有一份职业”这件事，与20年前相比已经完全不同。把职业发展想象成“在梯子之间跳跃”，而非在同一个梯子上向上攀爬，其实会更合适。

你必须重塑自己，这是生活的一部分。涉猎不同的事物会把你的生活拆分成许多精彩的章节。关于工作，我喜欢时不时能拥有一次说“不干了”的机会。这让我对职业本身保持兴趣。

亚当·戴·勒温（Adam Day-Lewin）是孪生伦敦（Twin London）的创意顾问。他曾担任赫斯特数字媒体（Hearst Digital Media）的全球创意总监，该公司旗下有《时尚先生》（*Esquire*）、《ELLE》和《男士健康》（*Men's Health*）。他曾做过鼓手、布景设计师和俱乐部促销员。

你会失望的

刚开始的时候，一切看起来都很美好，但不要在这个时候对可能的机会投入太多感情——无论是工作的可能性、潜在的交易还是关系。常常会有一些意想不到的事情发生，一切都会迅速恶化。突然间，当初有多乐观，现在就有多失望。给挫折预留一点空间是有好处的，当事情真的如你所愿，你会更加感激。

不要再拿自己跟别人比较

工作不是奥运会，不是一场比赛。这条路上只有你一个人。把你自己的职业道路与他人的进行比较完全没有道理。就像是拿海蟹和白鲸做比较，它们都是海洋生物，但仅此而已。

关于成功，我做了一个比喻：有些人步行去上班，有些人骑自行车去，还有些人甚至可能乘直升机去；他们走的路线不同，但最终都会到达目的地。你看，我们都有不同的旅程。我们都在以不同的速度运动。

10%准则

每个成功的品牌都在不断更新和完善自己，这样才能跟上时代的脚步。每月的短信或收件箱中的折扣代码，都是商家用来确保消费者保持兴趣、不会忘记它们的策略。

你必须留出时间来思考做什么能提升你的“品牌价值”，为自己创造机会。每周要花10%的时间在“你”这个品牌上。可以是写一篇文章、更新你的网站或者和以前的老板重新联系，任何让他人知道你的存在和你值得被了解的事情都可以。

不要害怕失败，伟大的新想法往往来自失败。不断尝试学习和进步。尽量不要一次处理太多的事情，专注于出色地完成五件事，要比糟糕地完成十件事好得多。

克里西·拉克（Chrissie Rucker OBE）是白色公司（The White Company）的创始人，她于1994年用6000英镑创办了这家公司。2020年，该公司公布的年利润超过1400万英镑。克里西称自己“有阅读障碍，非常害羞，不擅长学术”，她16岁就离开了学校。

别说“跳出固有的思维模式”

从哪儿跳出来？能跳出来为什么早不跳出来？当你发现自己说出“跳出固有的思维模式”时，恰恰意味着你把自己锁在条条框框中跳不出来了，往往如此，没有例外。

每个人
~~都是变革者，~~
~~是开拓创新、颠覆传统、~~
~~扩大边界的先锋，~~
都在假装

当我们把强有力的词语从字典中摘出，放到网站、电台广告和广告牌上，使它们成为时髦的广告词的那一刻（也因此常常被滥用），这些词就失去了全部的意义。它们的庄严和荣光被尽数夺走，就像标题中的那样，没有什么东西是真正“扩大”了的（谁知道它到底是什么意思）。

要留意你的用词。考虑清楚你在说什么，避免言之无物、空话连篇。小心不要让你表达的意思变得毫无意义。

搞砸了也没事

尽情犯错吧！在做对之前你必定要先做错。你越快搞砸，你就能越快吸取教训。不搞砸其实更糟。

* 本页是故意倒放，非印刷错误。（编者注）

年轻和天真的力量比你想象的要大得多。年龄的增长会让人产生一种根深蒂固的傲慢。他们以为自己什么都知道，什么都见过。让他们想象一个自己不了解的世界非常困难。天真提供了一个不同的视角，这是非常必要的。试着让自己成为一个初学者吧！这很重要。在课堂上清空头脑能让你更了解自己。

山姆·康尼夫·阿连德（Sam Conniff Allende）是畅销书《更海盗一点：或者如何挑战全世界并战胜它》（*Be More Pirate: Or How to Take on the World and Win*）的作者，也是“活力”（Livity UK）公司的联合创始人。他被《福布斯》评为“地球上最聪明的人”之一。2020年，山姆因为年轻人服务而被英国女王授予大英帝国勋章（MBE)。他拒绝了。

收件人：neverstopdreaming2008@hotmail.com
主题：换个新的邮箱地址

如果你还在用你12岁时想到的第一个电子邮件地址求职，或者跟他人交流，马上换一个，邮箱要用自己的名字。邮箱地址不是发挥创造力的地方。

你是你自己的广告牌

在你说话前，不到两秒钟别人就会形成对你的看法。对外表的重视程度直接反映了你有多重视你自己，以及你能提供什么价值。请务必要梳头、刷牙、修剪指甲、喷香水，让自己看起来得体。这些只需要出门前的几分钟就能完成。

穿着一件溅上酱油渍的破洞T恤，别人怎么会认真对待你呢？

如果上班的时候有人问“你好吗”，你就回答说“非常好，谢谢”。如果有人问你能不能做到某件事，你就说“当然可以”。之后再去研究该怎么做。每次我做事情的时候，我都觉得我在吹牛，但过段时间就发现自己真的在做这件事了。

亚当·戴·勒温是孪生伦敦的创意顾问，劳力士、梅赛德斯-奔驰和优衣库都是他的客户。他曾公开承认在简历上撒谎。

不要因为走投无路而做出职业决定

太多的简历上写着不该被接受但最终又被接受了的工作。在我极度绝望、事业迷茫的时候，我申请了一份零售业的圣诞节临时工作。我对自己发誓（也跟所有人都明确说）只做两个月，次年1月我就会离开。不知不觉，两年过去了，我还在卖泡澡球。

时间就是金钱

时间是你唯一无法追回的东西。把时间当成钱，好好花。

教育背景没那么重要

傲人的成绩，耀眼的证书，曾担任过学生会主席，这些都无法决定你在未来的人生里会有多成功（或多不成功）：

- **蕾哈娜**（Rihanna），一个白手起家的亿万富翁，16岁就离开了学校。
- **维珍集团**（Virgin Group）创始人理查德·布兰森爵士（Sir Richard Branson）16岁就辍学了。
- **詹妮弗·劳伦斯**（Jennifer Lawrence）是世界上收入最高的女演员之一，而她14岁就离开了学校。
- **全食超市**（Whole Foods）的创始人约翰·麦基（John Mackey）曾六次从大学辍学。
- **亿万富翁杰斯**（Jay-Z）高中就辍学了。
- **优步**（Uber）的创始人特拉维斯·卡兰尼克（Travis Kalanick）大学时辍学。
- **凯蒂·佩里**（Katy Perry）15岁辍学，追求音乐事业。
- **拉尔夫·劳伦**（Ralph Lauren）从未完成他的学业。
- **史蒂夫·乔布斯**（Steve Jobs）、**史蒂夫·沃兹尼亚克**（Steve Wozniak）、**马克·扎克伯格**（Mark Zuckerberg）、**比尔·盖茨**（Bill Gates）和**杰克·多西**（Jack Dorsey）都曾从大学辍学。

看，教育背景不一定有那么重要吧。

不确定的时候，就用Helvetica字体*

* 一种无衬线字体，风格简洁、朴素。

关于简历，你应该做的：

- 确保不超过一页纸。
- 写上你的联系方式，而不是社交账号。
- 当你要写一段话的时候，记得把它改成要点列出。
- 一定要检查错别字。

关于简历，你不应该做的：

- 如果你写了“你好，很高兴认识你”，把它删掉。
- 一旦超过两种颜色，简历就会看起来像个作品集。
- 不要分享你在某份工作中做了什么，而是要阐明你取得了什么成就。

仅供参考：

- 写不写家庭住址取决于你，但我觉得这是给了跟踪者可乘之机。
- 每个人都“在压力下表现出色”“在快节奏的环境中茁壮成长”。
- 如果你是“有激情的”和“勤奋的”，这很好，但可以想一想不同的表达方式。
- 别人没有时间阅读你在澳大利亚过间隔年（gap year）的经历，或者十年前你代表当地游泳队参赛的故事。简历要保持精简，只写你最精彩的成就。

（也许）不要公开社交账号

求职的时候，对方在看完你的求职信之前，就会对你的社交账号进行深度挖掘。几分钟之内，他们就会放大观察你五年前在赫瓦尔岛（Hvar）旅行的照片。要我说，公开个人资料是有风险的。

动机要强，期望要低

论成功

“如果你想学什么东西，那就用最标新立异的方式去追求和攻克它，这样它才会深深扎根在你的灵魂里。保持短期目标，最好的策略是动机强一点，期望低一点。要尽可能地去适应变化：你唯一要关心的是你能控制的事情——你的想法和行动。”

论命运

“‘相信自己，追随自己的内心，无视那些憎恨你的人，追随自己的愿景，你就会拥有自己选择的命运’，这是成功的商业大师们常说的话。但这也会导致毁灭性的失败。它完全忽略了财富、运气和生活可能带给你的一切。”

论运气

“开发你的天赋，开发你所拥有的能量，其余的都是看运气。如果你把前两点做对了，那么第三点也会随之而来。”

论金钱

“要记住，当你为了钱不够花而忧心时，钱才会让你更快乐。超过这个预想的数目后，钱赚得更多并不会让你更快乐。”

给年轻时的自己的建议

事情会一件接一件地过去。不要为了给人留下好印象而太过努力。

20年前，达伦·布朗（Derren Brown）凭借名为《心灵控制》（*Mind Control*）的电视节目开始了他的电视生涯。除了是意志控制大师，他还是四本书的作者，包括国际畅销书《快乐》（*Happy*）。在闲暇时，达伦会画肖像画和烤胡桃南瓜千层面。

凭主观推测会搞砸一切

试着提问，阐明，再提问。不要在你还没有理解的时候，就点头假装已经明白了。一旦暴露，你就会像个傻子，追悔莫及。我早知道这一点就好了。

好记性不如烂笔头

把每件事都记下来，永远要记笔记。洗澡时、做饭时、游泳时、做瑜伽时产生的想法都要记下来。你不是一个有超强记忆力的人，你会忘记的。最让人讨厌的就是服务员不记下你点的菜，以此来展示他们的记忆力有多强。而他们常常会搞错，几乎总是会忘记多加一份薯条。不要像这种自大的服务员一样。

别做低头族

下次坐在公共汽车或火车上时，把手机收起来。在心里记下坐在你对面的人。猜猜他们可能是谁，有着什么样的故事，他们的兴趣是什么。

欣赏一下窗外的景色，让你的思绪游走。把短视频放进口袋，观察观察现实吧。

有想法很重要

有想法：

表明你有热情

展示批判性思维

引出积极的辩论

引发新的讨论

鼓励他人分享自己的观点

没有想法：

无法带来任何有趣的东西

发现机会

偶然的相遇也会带来些什么

几年前，在一家餐馆里，坐在我旁边那桌的人大声笑着说自己在拍摄一部电影。我走向他们那桌，对着那个我觉得是导演的人说："我无意中听到了你们的谈话。"他邀请我加入他们那桌，于是我们聊了一会儿这个行业内的工作机会。他邀请我第二天去片场。第二天早上，我打电话向公司请了病假，前往片场，后来在那家电影制片厂一待就是一年多。

还有一次在牙医诊所，在我旁边候诊的女人看起来很有趣。我问她是做什么的。她给了我名片，请我喝咖啡，结果发现她是莎拉·杜卡斯（Sarah Doukas）。

“管他呢”的态度

没有Plan B

“我不相信Plan B。年轻的时候，我坚不可摧。我非常自信。假如我现在开一家公司，我一定有很多顾虑，但在年轻的时候，你就会想要放手去做。这就是‘管他呢’的态度。在你还有机会的时候学会接受它，因为随着年龄的增长，你在意的东西会越来越多，这会让你变得畏首畏尾。”

坚持你的使命

“不要在第一关就放弃。当我决定创办自己的公司时，很多人告诉我不要这么做。尽管我失去了很多，但这并没有让我放弃。这些困难会让很多人气馁，他们可能会退缩。但对我来说，我只是很想为自己做这件事——不是为名为利——只是为了做一些我引以为傲的事情。我在完成我的使命。”

理性消费

“要是没有专业知识，就去寻找。不要盲目投入金钱。接受正确的建议，尤其是你不了解的理财建议。你需要准备好优秀的会计和律师。让自己做好准备，保持谨慎，尤其是在花钱方面。我的个人经验是，我不会使用巨大的办公室，也不会炫富。我花钱不会大手大脚。”

以身作则

我选择团队非常谨慎。

我有一些跟了我25年的人，我喜欢称他们为“终身制员工”。有一群理解你的愿景的人作为坚实基础，这非常重要。聪明是一方面，但你也需要有常识。平等待人能让你脚踏实地，你必须以身作则。对各行各业的每个人都要友好。世界很小，我相信善有善报。

莎拉·杜卡斯是风暴模特管理公司（Storm Management）的首席执行官和创始人，也是价值2.4万亿美元的时尚产业中最具影响力的人物之一。风暴模特管理公司成立于1987年，因代理过凯特·摩丝（Kate Moss）、安雅·泰勒-乔伊（Anya Taylor-Joy）和卡拉·迪瓦伊（Cara Delevingne）等偶像而闻名。

成功不一定非得有才华（有也不错）

我敢肯定，在公众眼中，很多成功人士是“没有才华的”。虽然他们可能看起来不具备任何明显的技能，但我保证他们的确拥有非凡的奉献精神、坚韧的意志和源源不断的动力。他们没有去培养才华，而是致力于培养一种强烈的职业道德。

冷知识：天赋最高的人并不总能笑到最后。

“一个厉害的主意”

不要强迫自己非得想出一个没人想到过的主意。因为这基本上是不可能的。其实你可以试着把注意力放在调整或更新已有的东西上。这并不是剽窃，这是创造性的借鉴。

你不必成为最聪明的人

你没上过商学院或设计学院，

是怎么做到在这两个领域内取得成就的？

“没有接受传统的商业和设计教育对我反而有帮助。我走上创业这条路的过程是反传统的。当时，新成立的时尚品牌会先专注于一个品类，然后找零售商来销售它们的服装。但我一次就推出了多个品类，在苏豪区（Soho）有自己的商店，也有了自己网站。大家都说我疯了，可是我做到了。我们发现了市场的空白，我做的是自己的衣橱里没有的东西，也是其他女性想要拥有的东西——美丽、不会过时的衣服，而且比传统奢侈品的价格低。”

你最好的职业建议是什么？

“我有两条建议：拥抱你的野心、把消极的话当作噪声。第一条意思是你要知道自己想去哪里，把你的眼光放高，有远大的梦想。第二条意思是你要知道该听谁，该忽略谁。你尊敬的人提供的建设性批评非常重要，而消极的话永远是无益的干扰。”

年轻人成功有什么要素？

“适应能力必不可少——对我来说，是希望和乐观，即使当下的事情很难，也要相信转机近在眼前。清晰的信念也非常重要，当你知道自己的境况，面对艰难的事情就更能坚持下去。同时，拥有一点点勇气也可以让你走得更远。每个人都讨厌陌生电话，没人喜欢与陌生人社交，但与人沟通意义重大。”

让一个全球品牌保持成功的关键是什么？

相信自己的直觉，

诚实地做每一件事。

汤丽·柏琦（Tory Burch）被《福布斯》列为2020年“全球最具影响力的100位女性”之一，同年《新闻周刊》又将她的公司列为“疫情期间最杰出的50家美国企业”之一。汤丽·柏琦品牌的价值约为15亿美元。

了解世界上正在发生什么

要大概了解世界上正在发生的事情，这样你才不会看起来像个无知的笨蛋。

在休息区、咖啡机旁、会议室里参与话题讨论是很重要的。你不需要了解政治，也不需要清楚医药行业正在发生的事情，但应该偶尔看看报纸杂志*或浏览新闻网站，了解一下世界上的基本情况。对头条新闻充耳不闻是无知的表现，不管这些新闻有多么令人沮丧。

*《太阳报》《每日邮报》《人物》《美国周刊》这些都不算。

不要成为剽窃的人

剽窃他人的想法，是会被反噬的。这叫因果报应。

糟糕的老板有很多

他们仅仅是你的老板，这并不意味着他们一定是个好榜样或领导者。糟糕的老板会导致员工不开心、工作环境不健康。如果你的工作环境不好，那么问题往往出在上面的人。权力会冲昏一些人的头脑，让他们在追逐权力的过程中变成脾气暴躁的浑蛋。

在家办公还是在地狱办公?

对我而言，在家办公的典型的一天是：在一个地方坐好几个小时，几乎呼吸不到新鲜的空气，同时摄入大量咖啡因；有时直到下午6点我才会换下睡衣。那些教你如何健康地在家办公的文章会这样说：

- **把闹钟设定在每天的同一时间。**
- **冲个澡。**打开冷水，然后再打开热水，让自己清醒。
- **吃一顿营养丰富的早餐**，包括奇亚籽、枸杞和蛋白质。
- 用原本花在通勤上的时间**做些更有效率的事情。**
- **创造一个温馨的工作空间。**买个盆栽。
- **经常拉伸。**
- **多吃坚果和沙拉。**
- **走出家门**，下午出去散散步。

在家办公听起来很不错，但其实对精神和身体都是真正的挑战。只要你能保证充足的睡眠，经常休息，保持相对规律的作息，那就没什么问题。只要你能把工作做好，就没有什么正确或错误的方法。

打地鼠

你知道那个游戏吗？当地鼠从洞里钻出来时，你就用木槌敲打它的头。下次你有任何消极的、自嘲的、破坏性的想法时，就把它们想象成那些小地鼠，把它们一个一个都打掉。

要有两件擅长的事情，而不是只精通一件事。不要完全依赖你从事的工作，要有一两个额外技能，这是你的腹地*。

如果你试图在A领域成为世界上最厉害的人，你几乎注定会失败，因为有成千上万的其他人也在做同样的事情。但如果你试着在A领域成为世界上最厉害的，同时也能做到B，那么你就会：（1）变得与众不同而且能引起别人的注意；（2）机会也会青睐于你。仅从概率来说，在两件事都能做的人中成为最厉害的也是更容易的。

*腹地：名词，指看不到或未知的区域。

罗里·萨瑟兰（Rory Sutherland）曾是英国奥美（Ogilvy UK）副总裁。

他被评为世界上最有影响力的广告专业人士之一。

总有人会对你评头论足

总有人会在你身上找到他们不喜欢的东西。所以你不妨拥抱自己，接受自己的缺点和一切。做自己就好，讨厌你的人无论如何都会讨厌你。

有人会议论你的年龄。

有人会议论你的性别。

有人会议论你的种族。

有人会议论你的性取向。

有人会议论你的宗教。

有人会议论你的信仰。

有人会议论你的体重。

有人会议论你的身高。

有人会议论你的才智。

有人会议论你的口音。

有人会议论你的教育背景。

有人会议论你的住址。

有人会议论你的金钱。

有人会议论你没有钱。

有人会议论你的音乐品味。

有人会议论你的爱好。

有人会议论你的文身。

有人会议论你的发色。

关注小事

躺平日

有时候一想到要工作你就会觉得受不了。当这种情况发生时，我建议你请病假，躺在床上休息一天。每隔一段时间，我们都会遭遇“严重的食物中毒”或“慢性偏头痛”。

朋友们，这是个善意的谎言，是保证你照顾好自己的另一种方式。而且，不要有负罪感，每个人都会有这样的经历。

乘风破浪

试着不要太看重“找到你的目标”。不知道自己在做什么是很正常的。对一些人来说，目标是不断变化的；而对另一些人来说，目标要到很久之后才会出现。我们都希望能更快抵达成功的港口，但大多数人能做的只有穿好潜水服，在未知终点的旅途中乘风破浪。

工作不是生活

你需要建立一些界限，否则你的工作就会侵蚀你的个人生活。可以试试这些策略。

- **当你在家时，把工作设备放在另一个房间。**不是至关重要的消息，就不要去看。
- **如果可以关掉工作设备，就把它关掉。**
- **不必接受**同事在社交软件上发送的好友请求。
- **如果你在家办公，可以在日程中设置会议来腾出自己可以支配的时间。**如果不这样做，就很可能一直在回复消息，而且不得不随时接受所有临时会议邀请。
- **如果你没有心情，就不去参加同事聚餐。**

把
你的
个人
电话号码
给
同事时
千万要
谨慎

突然间
你就会开始
在半夜
发工作消息
在周六
回复邮件

让你的大脑休息一下

远离电脑屏幕。给自己做个面部护理。活动下关节。做做填字游戏。遛遛狗。洗个澡。喝杯饮料（含不含酒精都可以）。

1	2	3	4	5	■	6	7
■	8	关			9		
10				■	11	掉	
12		抖		13	■	14	
15		■	16		17		音
18		19	■	20			
21			22				■
23		■	24				

要有批判性

问问什么是

错误的

而非什么是

正确的

不要做“一个不新鲜的火腿三明治”

食之无味。如果你能成为一个热气腾腾、肉汁饱满、香气扑鼻的墨西哥卷饼，就不要做“一个不新鲜的火腿三明治”。

如果你每天都以同样的方式生活，做同样的决定和计划，你就没有获得兴奋和惊喜的空间了。事情很快就会变得无聊，毫无意外可言。多说“好的”。接受新的经历和机会。

“内容”是个烂词。

它字面意思是“东西”。这个词涵盖很多不同的事物。当人们说“我们需要创建数字内容”时，他们真正的意思是他们想在视频网站创作一个视频。

没有人会说“我要回家看内容”或者“我今天读到了一些很棒的内容”。内容创作者，他们是做什么的？他们做东西。他们应该称自己为做东西的人。

维吉·罗斯（Vikki Ross）是一位获过奖的文案撰稿人。她曾与英国天空广播公司（Sky）、推特（Twitter）和声田（Spotify）等知名的全球品牌合作。

不要做个消极的人

积极的心态对效率至关重要。心态决定一切。要抱着“我能行”的态度。

你有两只耳朵

如果在会上你没有什么建设性的或重要的东西要说，那就不要说。不管你多么喜欢自己的声音，闭上嘴能得到更多。

你有权保持沉默。练习多听少说。

帮别人带一杯咖啡

在工作的时候给别人带杯茶或咖啡并不是软弱的表现，而是一件好事。但是要确保你的作用并非仅此而已。

只需要说谢谢

当有人称赞你时，

无论是称赞你的香水味、鞋子还是技能，

你只需要微笑着说："谢谢。"

你是否真的同意并不重要。

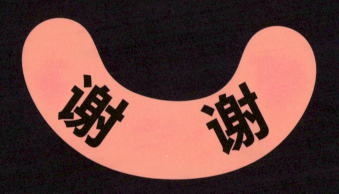

不要害怕电话

办公室里静悄悄的。电话响了。每个人都看向你，他们的目光灼烧着你的灵魂，让你的手指被定住，停在键盘上。你准备接电话吗？你的手心冒汗，喉咙发干。他们还在惊讶地盯着你。我叫什么名字来着？我接电话后要怎么打招呼？

你接电话的方式很重要，你应该说点什么。但拿起电话却一声不吭的人还是多得吓人。这是非常奇怪的做法，别再这样做了。

清一下喉咙。一句有气无力的“你好”并不是开始对话的最佳方式，请自信、清晰地表达自己。还有，要保持微笑。对方可以从你的声音中听出来你是否在微笑。

找到一位导师

导师可以是你以前的老板，也可以是在你感兴趣的领域工作的人，或者是职业生涯让你钦佩的人。他们通常已经走过了你走的路，能够引导你走过崎岖的路途。导师可以帮助你探索职业选择，设定目标，激励你，还能拓宽你的人脉。

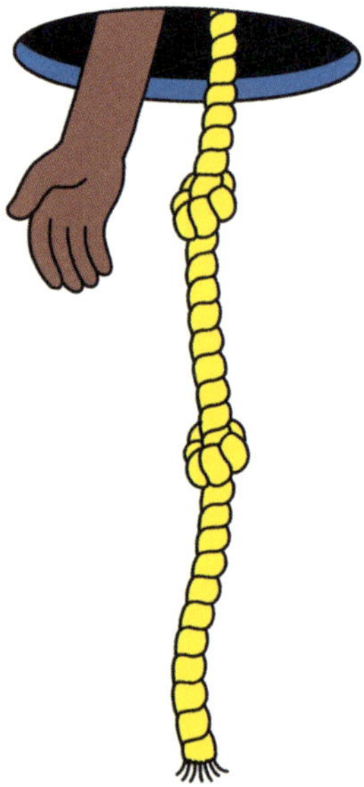

规则有90%是传统、习惯和曾用过的敷衍了事的策略。打破它们是你的责任。选择一个规则，打破它，用一个更好的规则来代替它。当你开始一份新工作时，你可能认为你的主要任务是融入。事实并非如此，成为变色龙的想法是错误的。不要追随前人的模式和脚步。你要做的恰好与之相反。

山姆·康尼夫·阿连德是我以前的老板。

寻求帮助

充分利用办公室里的资源。在设计标志时需要帮助或在某个特定话题上需要些灵感？你不需要舍近求远。问问你身边的同事，总会找到身边的专家。

保持联系

跟之前的同事、老板保持联系，了解一下他们在做什么。偶尔请他们喝杯咖啡，请教下他们的专业知识。这种做法有点像职业咨询。虽然他们是你过去的人脉，但并不代表无法在未来提供帮助。

别像个浑蛋那样

做事像个浑蛋的人不会因为他们的无耻得到任何东西。这些人日复一日做着讨厌鬼，完全不知道别人在他们背后竖起了中指。

你要做的很简单，就是对每个人都同样友好，从保洁员，到前台，再到老板。如果你是讨厌的人，大家马上就会发现。他们会开始躲着你，你会长出深深的皱纹，嘴里有着无法去除的酸味。最糟糕的是，你最终会孤独而痛苦地结束一生，没有人来参加你的葬礼。

找到有影响力的人

每个办公室都会有一个有影响力的人。这个人大家都喜欢和信任，这个人的意见大家都会尊重。通常情况下，他们并不是位高权重的人。要努力去了解他们。

别人没有你想象的那么在乎

一个品牌成功的保证是什么?

你无法保证一定会成功。

但事实是，如果你停滞不前，

就会被甩在后面。

你要不安于现状，要无所畏惧，

要敢于冒险。这样你才能不掉队。

从有了想法到推出你的第一个产品花了多长时间?

“我在2009年想出了PROPERCORN爆米花。我希望在几个月内能把它实现。但实际上，它真正问世用了几年的时间。我在妈妈的厨房里用水泥搅拌机做了第一批爆米花，还用上了汽车喷油装备。直到2011年，我才与联合创始人瑞安·科恩（Ryan Kohn）合作，把第一款产品推向市场。”

最大的挑战是什么？

“进入一个完全由男性主导的行业，第一年是最为艰难的。到最后，我感到孤独、泄气、被人瞧不起。这真的是一堂关于适应能力的课，我也因此变得更加坚强。”

你学到了什么？

“早些年，身为职业女性，我因为缺乏安全感而饱受困扰。后来我妈妈说：‘你以为自己是谁？别人回家根本不会去分析你所做的一切。他们回家后不会想着你。别人没有你想象的那么在乎你。’”

你考虑过辞职吗？

“我刚起步的时候，一位业内前辈说我应该回去做原来的工作。我记得他对我说：‘当心男孩子们欺负你。’这让我很沮丧，但也让我比以往任何时候都更加坚定了要成功的决心。要做好受到打击的准备。如果你充满激情，专注于自己的目标，你就会战胜那些怀疑你的人。”

卡桑德拉·斯塔夫鲁（Cassandra Stavrou）是英国最大的独立零食品牌PROPER的联合创始人，该品牌每月销售的爆米花超过500万袋。2020年，她因对食品行业的贡献被授予大英帝国勋章。

不要再说这些话了

“基本上”“实际上”“如果可以的话”都帮不了你。

你肯定会开始说的话（不管你喜欢与否）

你很快就会开始接受职场黑话，即使这违背了你的原则。

突然间，你开始在“下班前”（end of play）要东西了，开始要用“今后”（going forward），去“沟通一下”（touching base），让珍妮特“发我一下”（ping it over），想知道“预计交付日期”（ETA）是什么时候。

无论你如何抵抗，你都无法赢得这场战斗。

客户不知道他们想要什么

习惯这一点吧。他们的观点可能不合逻辑、自相矛盾，他们可能会喜怒无常。就像一架没有目的地的飞机，你可能会发现自己在漫无目的地兜圈子。不如你试试问他们不想要什么，而不是他们想要什么。

不要失去冷静，把你的自尊放在一边，记住是他们在为你买单。

朝九晚五是句谎话

做好工作时间超过8小时的准备，被迫加班是工作的一部分。总有一天，你不得不在办公桌前吃午饭，或者你不得不赶最后一班车回家，取消晚餐的约会。有时候，你可能会发现你对办公室比对家还熟悉。

偶尔，你不得不在正常工作时间之外破例。最后期限、最后时刻的会议、跨国电话、表格——即使过了下午5点，它们仍然很重要。

求助

永远不要害怕向别人求助。万一他们拒绝了，那就干脆把他们从你的生活中删除，再也不承认他们的存在。

工作是为客户做正确的事，而不是为你的创造力做正确的事。把你的浪漫想法放在一边，用最有效的方式说出你需要说的话。如果你想争论什么，要像在法庭上陈述一个案件那样去做——你要说的必须是平衡的、有分寸的，而不是情绪化的。

维吉・罗斯是一位文案撰稿人[*]，被*The Dots*评为“重新定义创意行业的100位开拓者”之一。

* 文案撰稿人是为广告写文字的人。“文案”就是文字。“Just Do It”“Taste the Rainbow”“Finger Lickin' Good”——这些都是文案撰稿人构思出来的。文案撰稿人不是写条款的人，他们跟搞法律的人不一样。

没人喜欢闲聊

如果你是个焦虑的人，在社交场合中会感到痛苦，那对你来说，好消息是你并不需要社交，至少是传统意义上的社交。

“社交”并不一定意味着尴尬地站在满是陌生人的房间里，紧张地握着一杯热啤酒和刚印好的名片。吸引别人注意的方法还有很多。用你自己的方式发起一场对话——发电子邮件、安排一次线上小聚。让别人看到你做的事情。多去了解你老板在办公室外的生活。会计部的雷在业余时间会做什么？琳达的狗叫什么名字？大家都喜欢谈论自己的事情，所以要给他们这样的机会。

有句话——重要的不是你知道什么，而是你认识谁——说得还是有点儿道理的，所以要去了解别人。

* * * * * * * * * * * * * *

留好收据

* * * * * * * * * * * * * *

无论你觉得自己做事多么有条理，还是一定要买一个文件夹好好保存收据和发票。

如果不这样做，一个月后，当你不得不整理支出时，你一定会出错。

突然间，公费的乐高乐园之旅就没有那么有趣了。

* * * * * * * * * * * * * *

总计损失 143.48英镑

* * * * * * * * * * * * * *

学会握手

你可以通过握手来判断一个人。如果握手的时候你很虚弱，你选择告诉世界的信息是“我是个虚弱的人”。

1. **眼神交流。**
2. **告诉对方你的名字。**
3. **要坚定。**
4. **轻轻捏一下对方的手。**不要把手软绵绵地贴在对方的手上——没有人想要被轻柔抚摸。
5. **确保握手至少持续两秒钟。**太短了会给人一种你害怕做出承诺的感觉。

—— 修剪指甲。

—— 手心出汗？轻轻地在织物上擦干。

—— 不要把食指勾在对方食指上，只有宗教团体的人才会那样做。

或许在这个疫情后的世界，肢体接触不再那么合适了。这种情况下，友好的微笑和挥手就足够了。用肘击来打招呼的方式还是留给朋友吧，不要对可能成为你未来老板的人这样做。

草图

交流想法的时候，未经打磨的点子比精雕细琢的要好。如果这是个有潜力的想法，大家会马上发现这一点。

“草图”是种非常简单的涂鸦。广告行业用它来快速有效地展示一个产品或广告的创意，而不是浪费时间去完善它。草图通常是在一张A4纸上用粗粗的黑色毡尖笔完成的。应该只需要一两分钟。

在页面周围画一个边框，把纸横过来，然后在里面画个简陋的小图，详细到能让其他人了解你的想法并给出意见就够了。

1.想法是什么？

2.为什么要现在做？

3.是为谁做的？

4.为什么需要由你来做？

5.你会怎么做？

6.它会出现在哪里？网上、纸上、公交车侧面？

7.它会发展成什么样？

如果你能回答这些问题，你就能把自己的想法推销出去。而推销想法时，你可能会被各种小细节搞乱。有时你也会忘记，你要提供的核心产品是什么。你一定要对你的推销对象很敏感。不要假装自己知道他们在找什么。

卢克·海姆斯（Luke Hyams）是YouTube的首位欧洲、中东和非洲原创内容负责人。他曾在迪士尼公司担任全球内容总监。

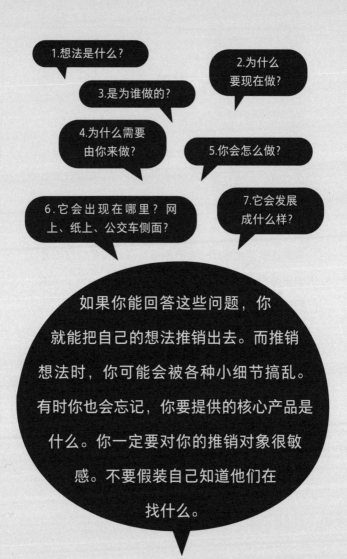

不知礼，无以立

请

虽然你不再是六岁的小孩子，但在朋友家过夜时要注意的礼数并不会变少。事实上，礼貌对成年人来说更加重要。

谢谢

永远不要在面试中抱怨
你的上一份工作，包括老板、公司

首先，你不知道面试官可能认识谁；其次，这会让他们担心有一天你会对他们做同样的事情。无论如何这都不是个好主意。

偶尔讨人厌是可以接受的

如果你真的想引起某人的注意，只发一封邮件是不够的。重要的人都很忙，你不能就这么放弃。是时候放下你的骄傲了。你必须锲而不舍，不断尝试。要学会另辟蹊径，只是不要搞得太诡异。要是警察都来敲你的门，那可能就是你做得太过分了。

“珍妮特，你没开麦”

麦克风问题、尴尬的闪退、糟糕的网络，能顺利进行的线上会议很少见。

- **别像珍妮特那样没开麦。**轮到你发言时，请确保自己没有静音。
- **下半身也要穿好。**只穿衬衫不穿裤子不是一个好主意。你的门铃会响，你会忘记自己下半身没穿衣服。而在你意识到之前，同事已经把你看光了，你只能准备辞职了。
- **随时准备好退出。**准备离开会议时，要提前把光标放在退出按钮上（有时候你必须按两次）。
- **通知家里人**你有工作电话要接。你肯定不希望你妈妈突然出现，问你晚饭想吃什么。
- **留意“共享屏幕”按钮**，不要不小心按到。

我建议你可以买一个小滑块盖住摄像头。这样可以避免在退出视频会议时出现尴尬的时刻。

整理心情重新出发

振作起来。任何值得做的事情都不容易。不要做一个半途而废的人。

永远做好准备
麻烦事一直都会发生。
要学会应对。

去死吧这件事

去死吧她

去死吧你

去死吧他

去死吧他们

去死吧生活

去死吧

去死吧我

去死吧那件事

去死吧工作

去死吧 ←——（加你最近喜欢的词）

在电脑前的十分钟可不是午餐时间

下图中的人是弗兰克。弗兰克整天坐在电脑前。他的姿势让人惊讶。他压力很大，疲惫不堪。他需要放个假，做个按摩。午餐时，弗兰克拿起自制三明治，在办公桌前边吃边敲着键盘。这就是弗兰克的午餐，几分钟就结束了。他擦了擦嘴，把餐巾揉成一团，把腿上的面包屑弹到地上，然后继续工作。

这个世界上有很多简单的快乐，你的午休就可以是其中之一。像弗兰克这样的行为是对自己和三明治的不尊重。别像弗兰克这样。

“做得很棒”

在别人“做得一般”的时候对他们说“做得很棒”，这似乎是一件令人鼓舞的事情。但这种回应也很危险，没有任何实质意义。别再这样做了。越在别人做得不好的时候跟他们说做得好，标准就会越低，他们就会变得越来越懒。这只会适得其反。在该表扬的时候表扬，该奖励的时候就奖励。

不用了，谢谢亲

在工作邮件中要避免：

“亲”、“宝贝”或“亲爱的”，
这些词应该只对你爱的人说。

单词和句子千万不要全部大写。
你为什么大喊大叫，到底怎么了？

永远不要连着写两个问号。你到底是有多大的疑问？

也不要连着写两个感叹号。一个就够了。

笑脸表情，如果你不是非常了解对方，最好不要用。

避免笔误。没人想收到“最好的住院”*。

* 原文为“breast wishes”，中文意译为“最好的住院”。（编者注）

永远别把公司当家

把公司称为“家庭”的公司通常是在掩盖着什么。隐藏的含义可能是“每个人的内心都很痛苦，我们的文化是有毒的”。这是一种很聪明的领导策略，让员工在周末免费加班，在合同规定的时间外工作，而这一切都是以对家庭忠诚的名义进行的。公司与家庭完全不同，因为：

工作不是永久的；

你随时都有可能被解雇或被取代；

你是在用技能换取报酬；

你必须遵守某些标准。

虽然把公司比作家看起来很吸引人，但是这不合适，也很不可爱。

谷歌不会告诉你答案

什

生活的意义是什么

人类存在的目的是什么

我为什么存在

不要把你最喜欢的杯子带到办公室

一定会丢。

如果你不想为他们的生日礼物花钱，那就不要

办公室里总是有人过生日。有时候，过生日的人你可能不太喜欢。在这种情况下，不要因为必须为他们的水疗或购物礼券做贡献而有压力。你可以祝他们“生日快乐”，在卡片上签个名，然后愉快地继续你的一天。

生日快乐

生日快乐，亲爱的！
虽然还没跟你说过
话。祝你拥有美好的
一天！抱抱。

生日快乐

祝你拥有美好的
一天！某某

请查看附件。要养成再次检查的习惯：（1）你真的加好了附件；（2）你附上的是正确的文件。再追加一封邮件承认你犯了错误是很痛苦的。

演讲从来就不是一件好玩的事

你逃不掉的，它们就像个（邪恶的）成人礼。世界上只有极少数的人能在毫无准备的情况下即兴演讲，而你大概率不是其中之一。

1. 按照正确的顺序和名称**保存所有必要的文件。**
2. **别忘了你的U盘**、充电器、适配器、遥控器——你最不希望的就是浪费时间，在电脑上手忙脚乱，让自己紧张得汗流浃背。
3. 在演讲、会议、提案前**花十分钟**建立积极自信的心态。上个厕所。整理思绪。照照镜子，对自己说几句鼓励的话。拍拍自己让自己清醒一点。
4. **第一个到房间**。让自己熟悉周围的环境。
5. **跟进来的人打招呼**，寒暄一下，感谢他们的到来。
6. **不要妄自菲薄**——不要说“我真的不擅长这些”这种话。

好在别人不希望你因为自己的平庸表现而难过。无论你讲得有多糟糕，他们都会告诉你，你做得很好。

笔误

尽管你的文件或邮件中只出现了一个错别字，但很多人也不会原谅你。你可能有一个奇妙的想法或强有力的建议，但一旦有人发现了一处笔误，你的工作价值就降低了。别人会觉得你不注重细节，对自己的工作一点都不尊重。笔误可能会让你错失一个工作机会。

你

对着电脑

开始头疼的时候

就是你该去检查

视力的时候

坏名声是甩不掉的

一旦有了坏名声，它就会伴随你的一生。别人对你和你的表现有什么看法至关重要。这个世界很小，大家都喜欢八卦，用不了多久，消息就会传开。

而反过来，拥有好名声会创造奇迹——人们会想要帮助你，机会也会找上门来，因为：（1）你擅长你所做的事情；（2）你会为他人带来快乐。

你不是宇宙的中心

你只是78亿人类中的一员，飘浮在这个星球上，以粒子和物质为食，努力生存下去。我们因何存在？我们永远无法知道。

帮助你保持头脑清醒的建议

- **尽量不要在办公桌上吃午餐。**
- **不要卷入**办公室闹剧。
- **耳机可以帮你**屏蔽掉你讨厌的人的声音。
- **保持办公桌整洁。**
- **多喝水。**这对你有好处，还能让你休息一下（让你离开电脑）。
- 即使你的午餐从冰箱里消失了，也要**保持冷静。**

如果你有以下这些行为，是时候结束这份工作了。

- 不愿意告诉别人你做什么或者在哪里工作
- 发现自己在嫉妒别人的职位和职业
- 编造借口请病假
- 在星期天体会到一种压倒性的恐惧

不用担心，你的同事不会那么想念你，你是可以被替代的，跟你告别，签了祝福卡片之后，他们很快就会在LinkedIn上跟你解除好友关系。

“灵光一现”的神话

偶尔出现的灵光一现，并非像看上去的那样自然而然。灵感出现之前有一个漫长的过程，可以分为以下四个阶段。

1. 采购食材

花点时间收集信息。尽你所能了解你正在做的事情。用事实填满你的大脑。成为特定产品 / 业务 / 主题 / 品牌的专家。把彻底了解它作为你的使命。

2. 耐心腌制

就像做一顿美味的肉酱面，让信息在脑子里腌制得越久，结果就会越好。让新知识慢慢炖煮入味。可能要几个小时，也可能要几周。先放下这个话题。你已经做了所有的研究，现在让它在你专注于其他事情的时候，一点点冒出来。比如你可以先去洗碗。

3. 时候到了

“灵光一现”的时刻到了。一个绝妙的点子出现在你的大脑完全成形，就像由创意工厂亲手交付的一样。一切都完美地结合在一起，你终于可以不用继续咬指甲，对着键盘哭泣了。这个美妙的时刻可能发生在你洗澡的时候，或者在凌晨3点的梦中。腌制好了，这一刻就会到来。

4. 一飞冲天

这个环节你需要成为自己最严厉的批评者。跟自己唱反调，把想法撕成碎片，质疑一切。问问自己，你的想法是切题的吗？能解决问题吗？必要的话你要从头再来。

如果点子不够吸引人，就重新去采购食材吧。

别太把自己当回事

保持真诚

“一个企业要想成功，需要有共同的价值观：动力、愿景、文化、真诚，这些东西需要来自内部。它们不是你靠聘请顾问就能得来的，而是要来自创始人或管理层——来自核心。比如宜家，我们都了解它的价值观，总有人想去模仿，但总是做不到。为什么？因为价值观的根本来自公司内部。”

找准定位

“是什么赋予了一家公司、一个品牌在世界上存在的权利？如果你能为你的品牌找准定位，并把这个定位说清楚，那么一切都会变得容易。你想为消费者提供的最关键内容是什么？确定好最重要的三件事，并明确重点要放在哪里。”

随机应变

“要做到无所畏惧，有很强的适应能力，你需要不断地忘记过去，重新学习。相比于制订伟大的计划，更重要的是适应能力。计划永远在变。”

有关＋有趣

“你的产品可能很棒，但它必须让消费者觉得跟自己有关，也必须是有趣的。两者缺一不可。噢麦力（OATLY）存在了25年，才开始获得关注。之前的问题在于我们的产品只跟乳糖不耐受的消费者有关。后来我们把包装正面所有的科学说明都去掉了。因为我们意识到没有乳糖不耐受的人会觉得这些信息与他们无关。对我们来说，更重要的是利用我们的包装来讲述我们是谁，讲述我们的故事。”

正确看待事物

别太把自己当回事。接受失败。你犯了个错误——出人命了吗？没有？那就吸取教训，继续前进。

托尼·彼得森（Toni Petersson）是噢麦力公司的首席执行官，也是“让燕麦奶拥有一席之地的人”。成立于20世纪90年代的噢麦力一直在努力开拓市场。托尼于2012年加入公司担任首席执行官。截至2020年，噢麦力的市值超过20亿美元。

我可没哭，是你在哭

一个伟大的想法具有影响和改变行为的力量。想要相信某件事，你必须去感受它。只有当你感受到了什么，你才更有可能去行动，比如大选投票。

所有伟大事业的核心都是情感。它需要感动你。这是你与它联系、记住它并付诸行动的唯一方式。在你做的每一件事中，找到你能产生情感的方法，无论是喜悦、悲伤、惊讶还是愤怒。

有始有终

不要半途而废。*

学会完成一件事，不仅是为了享受最终的成果，也是为了自律和履行承诺。完成任何具有挑战性的事情都会让你感到自豪。经历才是真正的成就。

* 不管是拼图、阅读还是喝完一杯茶，最好把它们都完成。

我是该放弃，还是应该继续追回报酬？

答案是永远不要放弃。尤其是作为自由职业者，支付报酬这件事常常会被遗忘，或是拖欠。不要害羞。如果你提供了服务但没有收到报酬，一定要让对方知道，即使这可能会让你感觉为难。但你要先假设对方不是故意的。

像鸭子那样

表面上波澜不惊，但实际上在水下拼命划水求生。

不要做你认为是符合潮流或时尚的事，也不要做你觉得人们想看到的事。做让你最快乐的工作。先让自己快乐，再争取让其他人也喜欢，这样你才能享受你所做的事情的过程，而不会感觉只是在“工作”。

宾果先生（Mr Bingo）是一位艺术家和演说家。

他的作品曾在《金融时报》《纽约时报》《卫报》上发表。2015年，他在英国为一本书发起了最成功的Kickstarter众筹活动。从这时起，他发誓再也不为客户工作了。

勇敢表达

你一定记得学校里那个叛逆的同学，常常被留校，敢于表达自己的观点，挑战老师。但你还记得那些安静的同学吗？他们总是很听话，从不大声说话，总是按时完成作业。（没有冒犯他们的意思，我相信他们肯定非常成功。）

随波逐流无趣至极。热情地关心对你重要的事情，骄傲地表达出来。

行动起来

当你被众多选择淹没时，你能做的最好的事情就是先选择一个。如果你心中没有方向或目标，第一步就是去做一些事情。任何事情都可以。

正如世界上
有形形色色的人
每一种成功
也有着不同的

形状

和

大小

为自己骄傲是件很酷的事

分享你的成功是努力工作应得回报的一部分，不要觉得自己是在炫耀什么。

如果身边的人让你因为分享成就而感到内疚或羞愧，那可能要去交一些新朋友了。不要害羞，你应该为自己的成就感到骄傲。同样，对他人的成就表达赞扬时也不要吝啬。

做个间谍

留心你身边那些正在实现目标的人，向他们学习。听听他们的经验，寻求他们的建议和指导。观察别人能让你很好地了解什么事情是不该做的。

不要期待每个人都喜欢你

即使对待再美好的事物，也会有人持不同意见。更何况别人对待你了。

我觉得《窈窕奶爸》（*Mrs Doubtfire*）是有史以来最伟大的电影之一；有些人会不同意。（我因此讨厌这些人，不过这不是重点。）

公开演讲

永远只被人讨厌，没有人喜欢，无论如何要做到：

- **多喝水。**旁边放个杯子（水是大自然给你的礼物，防止你“口干舌燥”）。
- **不要喝咖啡。**紧张和咖啡因组合起来很不明智。
- **放慢语速。**多停顿。
- **与听众保持眼神交流。**如果你实在不知道怎么办，就选房间里的一个人，对这个人真诚地许诺（只是视觉上的，与浪漫不沾边）。
- **不要说：“你们知道我的意思吗？”**如果你很想这么问，可能是因为你讲得不清楚。你可以问大家有没有什么问题。
- **拥抱沉默。**
- **道具是有用的。**可以拿杯饮料或一本笔记。如果你的大脑一片空白，不妨停下来喝一口。
- **技术。**如果你要做的事情涉及技术，确保你已经准备好并测试了所有的设备。
- **不要想象你的观众是裸体的。**这会分散注意力，而且需要太多的想象力。
- **记住：没人在乎你。**很可能根本没人在听。

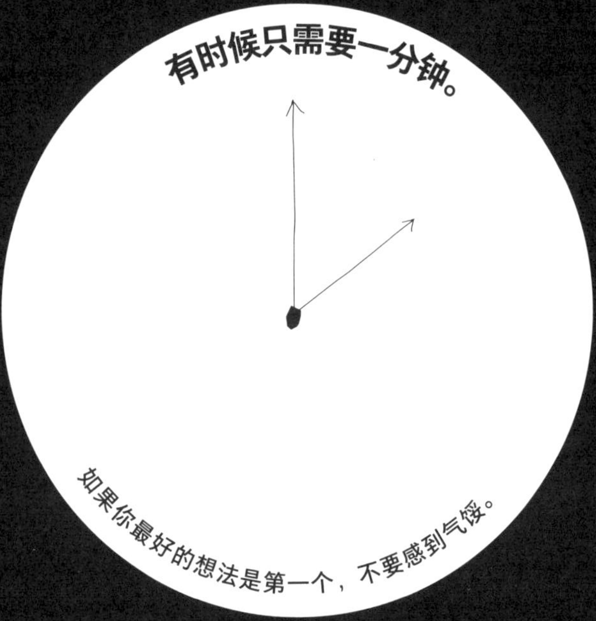
有时候只需要一分钟。
如果你最好的想法是第一个，不要感到气馁。

越大不一定越好

曾经，我跟一些优柔寡断的客户开过冗长而乏味的会议。几个月来，我们一直在反反复复讨论营销活动的计划，就像坐在游乐园里的旋转杯一样——毫无进展，我们甚至开始觉得恶心。客户从座位上跳起来，仿佛觉得自己解决了一场世界危机，他说："我们把商标做大点怎么样？"平面设计师睁大了眼睛，鼻孔也张得大大的，抓起离他最近的铅笔，在一张纸的底部疯狂地用小字写下"笨蛋"。

换句话说，如果你的创意很烂，把商标做得再大也无法掩盖这一点。有些东西不是只有对着你的脸尖叫才能让你有所反应。

挤牛奶

把机会想象成奶牛，尽情挤奶。就我个人而言，我喜欢一直待着不走，直到已经不受欢迎。

好好表现，让它们不想看到你离开。

向蜜蜂学习

20%的蜜蜂不遵守摇摆舞的规则（它们通过摇摆舞告诉彼此在哪里可以找到食物和水）。这些“叛逆”的蜜蜂选择探索大多数蜜蜂不曾涉足的区域。如果每只蜜蜂都遵守摇摆舞的规则，蜂巢就一直维持在它能承受的最大限度。所有的蜜蜂日复一日探索同一个区域有什么好处呢？

如果没有那20%的流浪探险家蜜蜂，蜂巢将永远无法发现任何新事物，也无法适应环境变化。

做自己是可以的，这样才能有新的发现，产生新的想法。所以，要向流浪探险家学习。

目标是每天都变得更好

如果你已经被认为是最好的了，
如何才能变得更好？

从厨师的角度来看，最奇怪的事情之一是，顾客认为我们有多好，我们就有多好。一切都是以信誉为基础的。你永远不能认为你在某件事情上是最好的，因为根本没有最好，全都是主观感受。

是什么让你擅长做你所做的事？

“决心、毅力和努力。我一直在追求卓越。我天生对细节很执着，我有极大的职业自豪感。我把一切都投入工作中，因为我不认为这是工作——这是一种生活方式的选择。我对自己很严格，因为我太在乎了；想要把事情做得完美，这是一种脆弱。”

你如何应对批评？

我总是在意别人的想法。我记得美食评论家写的关于我的每一个字，但我把这些转化为能量，来证明他们是错的。

你在和自己竞争吗？

“我必须一天比一天好。它可以是一件很小的事情，但必须是一个进步。如果你一直在进步，一直在前进，你就会一直变得更好。我从不后退一步，我不能原地踏步；如果你站着不动，你就是在后退。”

克莱尔·史密斯（Clare Smyth）在戈登·拉姆齐餐厅（Restaurant Gordon Ramsay）担任了4年的主厨。在那里，她成为英国第一位管理米其林三星餐厅的女主厨。克莱尔在2018年被世界50佳餐厅评为“世界最佳女厨师”。2021年，她自己的餐厅Core在米其林指南中获得了三星，并在《美食指南》中获得了满分10分。

远离负能量

摆脱所有阻碍你更加专注或满足的消极因素，它可能是人、关系或环境。

有人说你是与你相处时间最长的五个人的结合体，所以现在要近距离评估这些人，必要时要保持距离。如果这些人像吸尘器一样吸走自己生活中的快乐，很可能他们也在对你做同样的事情。尽可能让身边都是你钦佩、尊重和想要学习的人。他们的品质会感染你，而且这些都是免费的。

你会被拒绝

拒绝是生活的一部分。它和心碎、脱发属于同一类事物：没人想要，但又无法避免。

这本书的提案收到了41封拒绝邮件。以下是我得到的一些回复，分享出来供大家一乐。

“虽然你写得很好，但我们并没有被吸引。”

“我相信这本书很有趣，但我没有感觉到它跟你的工作有什么关系。”

“这本书很真诚也很有趣，但恐怕不适合我们。”

拒绝不应该让你气馁。你需要勇于探索怎么才能让自己更努力，或者用不同的方法处理问题。做你自己的批评家。不要纠结于为什么没有发生，而是去思考如何让它实现。

今天，凡·高的一幅画价值1亿英镑。而在他的一生中，他几乎没有卖出过任何东西。他死时穷困潦倒，默默无闻。被拒绝并不总是你能力的体现，有时只是时机不对。

怀疑的巨大力量

每个人都会怀疑自己，即使是奥普拉*那样自信的人。不尝试就永远不会知道结果。

* 怀疑

* Oprah Gail Winfrey，美国脱口秀主持人。美国最具影响力的非洲裔名人之一，曾入选《时代周刊》评选的“百大人物”。（编者注）

你是否因为工作太忙而忽略了感情？你是否发现自己为了待在办公室完成很重要的事情，而取消了和朋友制订的计划？

如果这种情况发生的次数比你希望的多，或者比应该出现的次数多，你应该至少做到下面其中一点：

(1) 邀请朋友到你的办公室过夜；

(2) 重新评估事情的优先级，并做出一些改变；

(3) 换一份新工作。

理想

大大的

计划

小小的

好的，坏的，恶心的

没有得到的工作，失败的考试，从路边摊上买到的坏了的食物，每一次经历你都能从中得到教训。你当时可能没有意识到，但当你回头看时，你会感到惊讶。它们全都有意义。

迷走吧！

迷走神经沿着躯干延伸，连接大脑和肠道。当我们感到胃里有一种下沉感时，这是大脑在告诉我们有些事情不太对劲。下一次当你的肚子开始咕咕叫的时候，如果不是因为饿了或者昨晚吃了夜宵外卖，想想是不是有什么在潜意识里困扰着你。

跟着直觉走是有科学依据的。如果你不相信自己的直觉，你大概就离不开“应该”“也许”“可能”这些词了。

想吃比萨就去吃吧

不要因为做了让自己开心的事而惩罚自己。比萨很好吃，你不必剥夺自己享受如此美好的东西的权利。同样的道理也适用于任何其他能引起你兴趣的东西。

如果对你来说，有趣的事情是加入马戏团，成为一名狗狗冲浪教练，或者成为一名专业的幸运饼干写手，那就去做吧。

自己拿主意

可以征求别人的意见，但不要认为自己一定要接受。别人的指导是基于他们自己的经历和环境，他们不能替你做决定。

倾听他们的意见，处理信息，然后忽略掉。你甚至可以做完全相反的事情，只要是你心甘情愿的。

像个孩子一样

为什么?

因为孩子对一切都很好奇。

为什么?

因为他们想象力丰富，无拘无束。

为什么?

因为他们对嘲笑毫不在意。

为什么?

因为他们没有经历过尴尬。

为什么?

因为这些事情随着长大我们最终都能学会。

为什么?

因为我们开始注意到了社会的阴暗面。

为什么?

因为我们不再能看到魔法。

为什么?

因为我们长大了。

为什么?

因为我们最终还是要妥协。

为什么?

因为生活造就了我们。

为什么?

就是这样。

但是为什么?

就只能是这样。

在你有了备选计划之前，不要提交辞职申请

辞职的新鲜感很快就会消失。你的老板有更大的问题需要关心，你的公司把你忘记的时间比你在网站上给公司打分的工夫还要快。不知不觉间，你就失业了八个月，牛仔裤也都穿不上了。

无论你有多厌恶这份工作，厌恶职场上的每一个人和每一件事，都要坚持下去，直到你有另一个可行的选择。

话虽如此……

没有工作值得你付出精神健康

比较常见的情况是你讨厌的工作比你喜欢的工作多。这是塑造人格的必经之路。但如果你开始失眠，健康受到影响时，也许你应该考虑一下备选计划了。

说点正事

我在20多岁的时候做了很多事，但其实也没做什么。21岁的时候我实现了自己的目标：完成了学业，获得了奖项，找到了理想的工作。但是过了一段时间，我意识到一个残酷的现实，那就是这些并不能满足我。我一直走在错误的道路上。就这样，我没有焦点，空有一身能量，但却无处施展。我把无数的时间花在寻找并不是真正感兴趣的工作上，漫无目的地填写申请，却被告知我的简历“没有遵循线性发展的路径”。曾经有一段时间，我愿意接受任何工作，仅仅因为这是一份工作。那是一个充满困惑和焦虑的十年，我不知道自己的人生将走向何方。

我知道被问到“你是做什么工作的”，而不得不回答“我失业了”是什么感觉；或者被问到“你想做什么”却没有真正的答案是什么滋味。这些经历促使我写了这本书。现在我三十多岁了，我仍然不知道我在做什么，也许我永远也不会知道，但我知道的是，生命太短暂了，不能一直浪费在自己讨厌的工作上，而且情况会变得越来越好，因为了解了以下这些：

人们确实想要帮助你，但你必须愿意示弱。

自我怀疑对你毫无益处。

世上没有完美的工作。

别忘了找乐子。

人们总是想要免费的签名本。

致谢和祝福

感谢所有人的贡献：亚当·戴·勒温、卡桑德拉·斯塔夫鲁、克里西·拉克、克莱尔·史密斯、达伦·布朗、凯瑟琳·萨克斯顿、卢克·海姆斯、宾果先生、罗里·萨瑟兰、山姆·康尼夫·阿连德、莎拉·杜卡斯、托尼·彼得森、汤丽·柏琦和维吉·罗斯——如果没有你们，这一切都无法实现。

非常感谢我曾遇到的这些人：海伦娜（Helena）、安娜（Anna）、格蕾丝（Grace）、罗斯（Rose）、亚历克西娅（Alexia）、弗朗西斯（Frances）、“布鲁奇曲奇”（Brookie Cookie）、奈莉（Nelly）、彼得（Peter）、阿什莉（Ashlie）和迈克尔（Michael）。

感谢海盗山姆（Pirate Sam），自2012年以来我一直很讨厌的人：我永远感谢你的鼓励（和联系）。感谢勒奈特（Lynette），你对消极空间的热爱和“跳出来思考”的讨厌给了我很多灵感。感谢伊西（Issy）从未忽视WhatsApp的请求，也感谢米兰（Milan）在最初阶段发挥了至关重要的作用。

最后，感谢所有与我共事过的讨厌的浑蛋，谢谢你们。没有你们，就没有这本书。